AF250965

ESQUISSE BIOGRAPHIQUE

SUR LE

DOCTEUR COMMANDEUR DE BRUC

COMTE DE BUSIGNANO

Pour répondre à l'attaque injurieuse lancée contre lui par
M. le Docteur GOURDON

Avec observations de guérisons et pièces à l'appui

PAR

R. DE CHAMPREUX

IMPRIMERIE GÉNÉRALE PAUL SAVY
ALLÉE LOUIS-NAPOLÉON, 10 BIS.

—

1870

[illegible]

[illegible]

Docteur [illegible] de Berg.

[illegible]

[illegible]

[illegible]

[illegible]

[illegible]

ESQUISSE BIOGRAPHIQUE

SUR LE

DOCTEUR COMMANDEUR DE BRUC

COMTE DE BUSIGNANO

Pour répondre à l'attaque injurieuse lancée contre lui
par M. le Docteur GOURDON

AVEC OBSERVATIONS DE GUÉRISONS ET PIÈCES A L'APPUI

Par R. DE CHAMPREUX.

J'ai connu très intimement le Dr de Bruc, d'abord à Naples
en 1864, ensuite à l'époque de la guerre d'Italie contre
l'Autriche, lorsque j'étais attaché à l'état-major de S. M. le
roi V. Emmanuel ; j'ai pu apprécier dans ses détails les
plus intimes la vie aussi laborieuse qu'honorable de cet
éminent praticien, et les motifs de la haute réputation
dont il jouit dans son pays ; aussi n'ai-je pas suivi sans
une douloureuse impression la polémique qu'un médecin,
M. Gourdon. a dirigée contre lui à Toulouse, et je crois faire
acte de bon citoyen en publiant cette notice biographique afin
d'éclairer ceux qui auraient pu se laisser influencer par des
diatribes qui assurément n'ont pu être dictées que par une
ignorance complète de l'honorabilité de celui auquel on les
adressait, ou par cet esprit de parti et de jalousie qui devien_t
par trop à la mode, pour ne pas dire exagéré, chez quel-
ques membres du corps médical.

Si noblesse oblige, estime et amitié obligent aussi ; et ayant eu, comme ami du Dr de Bruc, à jouer un rôle actif dans sa discussion avec M. Gourdon, je n'ai rien voulu faire ni dire qu'en parfaite connaissance de cause ; j'ai donc demandé au Dr de Bruc d'assister deux fois par semaine à sa clinique des pauvres ; il ne m'a pas suffi d'avoir beaucoup connu M. le Dr de Bruc comme homme privé, j'ai voulu me convaincre par moi-même de la véracité des faits qu'il annonçait et de l'authenticité des guérisons qu'il opérait.

Le D^r comte de Bruc est issu d'une famille noble fort honorable ; après avoir passé plusieurs années dans les lycées et écoles de Paris, il fut à 25 ans reçu docteur en médecine en Italie et licencié en droit. Doué d'une organisation ardente, il eût sans doute fait un avocat de mérite, mais il préféra la profession plus modeste du médecin.

Elève de l'école de Broussais, il reconnut bientôt que ce médecin à système absolu avait plutôt ébloui le monde médical qu'il ne l'avait éclairé. Sa méthode si funeste des saignées à outrance pour toutes les maladies, porta le Dr de Bruc à aller en Angleterre y étudier la contre-partie de la méthode de Broussais professée alors par Brown ; il resta cinq ans à Londres et il y fut de nouveau reçu docteur médecin. Il voyagea ensuite en Amérique, au Brésil, il visita les principaux hôpitaux d'Europe, toujours à la recherche de cette vérité médicale dont les débris épars ne peuvent se rencontrer, comme élément de science véritable, que dans un groupe de moyens divers résumés par la pratique et un éclectisme éclairé et raisonné.

Le Dr de Bruc alla encore passer plusieurs années en Allemagne, y étudier dans leur berceau les méthodeshydrothérapique et homœopathique ; il suivit à Berlin près des grands maîtres allemands des cours spéciaux pour les maladies des yeux, de même qu'il avait étudié en Angleterre près des célèbres Faraday et Smée l'application de l'électrogalvanisme et de l'électricité statique à la médecine ; ce n'est qu'après dix ans consacrés exclusivement à ces études

persévérantes que le Dr de Bruc rentra dans son pays pour
y débuter comme médecin exerçant.

A son retour en Italie, il retrouva à cette époque l'école
Italienne plongée dans les mêmes traditions qu'à son dé-
part , en dépit des travaux remarquables de quelques
esprits d'élite (Rasori, Tommasini, Giacomini) qui n'avaient
pu faire prévaloir leur belle méthode du contro-stimu-
lisme. Le Dr de Bruc publia bientôt un journal médical,
et s'éleva avec courage contre cette pratique des saignées
répétées pour toutes les maladies. Que d'inimitiés ne se
créa-t-il pas alors ! Chaque fois qu'un homme veut dé-
truire ou combattre une erreur par la seule force de la
vérité, il doit s'attendre à une réception semblable de la
part de ceux qui vivent de cette erreur. *« Qui talent a ,
guerre a. »*

Mais le Dr de Bruc ne tarda pas à vaincre ses ennemis
scientifiques en s'élevant au-dessus d'eux ; il publia plusieurs
ouvrages dont le mérite fut reconnu même par ses détrac-
teurs d'autrefois, entr'autres un *traité de l'électro-galva-
nisme appliqué à la médecine* ; un autre ouvrage *sur les
pratiques électro-chimiques et électro-caustiques* dont les
expériences sont véritablement merveilleuses et guérissent
avec une promptitude extrême, des affections jusqu'alors
difficiles ou très longues à guérir, entr'autres les fistules
lacrymales, les fistules anales, les petites loupes des paupières , les taies des yeux, etc. Il créa pour cela divers ins-
truments qui sont un véritable progrès scientifique et que
j'ai vu plusieurs fois fonctionner sous mes yeux avec un
succès toujours constant. Il publia des observations de guérisons de la cataracte sans opération par les courants électro-chimiques.

L'Italie ne possédait alors, vu sa division en duchés et petits
royaumes, que des pharmacopées incomplètes ; aussitôt l'u-
nité de l'Italie à peu près terminée le Dr de Bruc publia son
formulaire médical Italien qui est le seul qui y existe en-

core aujourd'hui, et qui en trois ans arriva à une vente de 80,000 exemplaires ; il est aujourd'hui à sa 9ᵉ édition.

Il publia son *traité de la guérison* des plaies variqueuses *des jambes*, contenant tous les détails d'une méthode à l'aide de laquelle de pauvres malades estropiés et infirmes depuis de longues années peuvent dès la première médication se livrer à leurs travaux, quelque pénibles qu'ils soient et à la marche, sans ressentir trace de leurs douleurs passées, méthode dont nous avons vu par nous-même de beaux exemples de guérisons à Toulouse. *(Voir les observations de guérisons ci-après.)*

Le Dʳ de Bruc publia encore : *des Etudes nouvelles sur la vision*, 1664. Un *traité d'Hygiène*, 1863. Des *Considérations physico-chimiques sur l'absorption des médicaments minéraux*, 1864. Un autre ouvrage ayant pour titre : *Allopathie, homœopathie et éclectisme*, 1865. *Traité des maladies des organes générateurs de l'homme et de la femme*, 1865. Un traité de *l'Epilepsie, de sa guérison*, 1866. Un traité de la *Phthisie pulmonaire scrofuleuse et de sa guérison, etc.*

C'est ainsi que par la puissance de son talent et par ses publications, il réduisit ses adversaires scientifiques, non-seulement au silence, mais encore les força à devenir ses admirateurs et plus tard ses adeptes.

Le Dʳ de Bruc demanda alors que des commissions soient nommées à l'effet de constater les succès qu'il obtenait pour la guérison de diverses maladies dites incurables, telles que : *l'Epilepsie*, les *Lupus voraces invétérés*, les *plaies variqueuses des jambes, diverses paralysies*, etc.; c'est après le rapport des commissions et les constatations authentiques, faites que le Dʳ de Bruc reçut successivement de S. M. le roi d'Italie et *di moto proprio*, c'est-à-dire de sa *propre main*, les titres de Chevalier, Officier, Commandeur et Grand Officier des ordres des SS. Maurice et Lazare, qui est la légion d'Honneur d'Italie, de S. Marino, et de la couronne d'Italie, sans compter les nombreuses décorations qu'il reçut alors de l'étranger. Plus tard il reçut les titres de patricien et de comte héréditaire, toujours comme hommage rendu à son mérite comme médecin , et les diplômes de membre honoraire des Académies de Médecine de Palerme , de Messine, de Rome, etc., etc.

Arrivé au premier rang, le D<r> de Bruc se dévoua exclusivement au traitement des maladies chroniques. Il étudia les maladies dites incurables, avec cet amour de la science dont parlait Cælius Aurélianus dès l'antiquité et dans les ouvrages duquel je retrouve le passage suivant sur les affections chroniques : « *Les maladies aiguës se guérissent as-*
» *sez souvent d'elles-mêmes, soit par les seuls efforts de la*
» *nature, soit même par un pur effet du hasard. Les mala-*
» *dies chroniques , au contraire , ne guérissent ni par le*
» *hasard, ni par le bienfait de la nature ; elles réclament*
» *formellement l'intervention d'un médecin habile, et lui*
» *préparent, s'il réussit, une part de gloire plus grande*
» *et plus assurée.* »

Le D<r> de Bruc devint bientôt le médecin des premières familles d'Italie ; il était appelé dans tous les cas difficiles.

Ayant conquis tous les titres honorifiques qu'un médecin pouvait ambitionner et possédant une fortune indépendante, après vingt-cinq ans de pratique , il revint en France où il avait fait ses premières études. Sa femme étant française, il est très probable qu'il s'y fixera, d'autant plus que S. M. l'Empereur lui a donné par décret, sur les rapports motivés de M. le ministre de l'instruction publique, d'une commission nommée dans le sein de l'Académie de Médecine de Paris et de la faculté de Médecine de Lyon , ce dernier rapport rédigé par M. le docteur Glénard, son recteur, l'autorisation d'exercer l'art médical dans tout l'Empire ; dernière preuve solennelle et évidente du mérite du D<r> de Bruc et de son honorabilité.

Venu à Toulouse, le D<r> de Bruc annonça qu'il guérissait diverses maladies ou difficiles à guérir, ou même dites incurables par les moyens ordinaires ; et le corps médical de

Toulouse, ou du moins M. le docteur Gourdon, taxa cette annonce de charlatanisme, et ce monsieur, dans un article plus qu'insultant pour le Dr de Bruc, écrivit ces phrases dont nous avons pris note :

« *Nous mettons tous les commandeurs du monde au défi* » *de prouver d'une manière authentique une seule des* » *guérisons annoncées!* » Et il faisait suivre ce défi d'injures et de calomnies plus que suffisantes peut-être pour permettre au Dr de Bruc d'en demander réparation devant les tribunaux, si ce dernier n'avait pas eu d'autres moyens de prouver la vérité.

M. Gourdon terminait son pamphlet en disant : « *Nous* » *voulons faire preuve envers l'illustre Commandeur, de* » *la plus entière impartialité en lui offrant de publier gra-* » *tuitement et à la place qu'il voudra, l'histoire des gué-* » *risons réelles qu'il voudra bien nous mettre en mesure* » *de constater d'une façon non équivoque.* »

Avant d'aller plus loin, qu'il nous soit permis de dire quelques mots sur l'accusation de charlatanisme portée contre le Dr de Bruc.

Faisant partie du public et non du corps médical, je ne vois pas la chose au même point de vue que messieurs les médecins, et je veux écarter autant que possible dans mon appréciation ce qui sentirait ou l'esprit de parti, ou la passion qui trop souvent aveugle.

Est-ce du charlatanisme que d'annoncer des faits véridiques, authentiques et aujourd'hui non contestables, et qui prouvent un progrès scientifique ? Evidemment non; le charlatanisme dans *l'acception honnête du mot*, se trouve aujourd'hui un peu dans tout et partout, dans les plus hautes sphères de la société, comme dans les plus humbles ; et le plus habile charlatan, toujours dans la bonne acception du mot, est celui qui sait le mieux dissimuler son charlatanisme. Il y en a même qui disent que les habits galonnés, les discours pompeux, les équipages somptueux et tant d'autres pratiques, fort honnêtes d'ailleurs, que nous voyons se dérouler chaque jour sous nos yeux, doivent être taxés de charlatanisme.

Nous savons que messieurs les médecins sont d'accord entre eux de ne pas employer franchement et directement la publicité à leur profit ; mais qu'ils me permettent de le leur dire en toute franchise : Que de petits moyens détournés n'emploient-ils pas pour faire parler d'eux ! et loin de les blâmer je les approuve ; faire parler de soi en bien est une noble émulation. Les grands maîtres de la science n'emploient-ils pas eux-mêmes divers moyens pour faire leur propagande et leur publicité ?

Ce sont d'ordinaire les plus *habiles* qui taxent leurs confrères de charlatans, et c'est toujours avec ce mot de *charlatanisme* qu'on cherche à étouffer les découvertes les plus utiles à l'humanité ; qui n'a pas eu connaissance des luttes acharnées qui ont eu lieu dans les Académies de médecine elles-mêmes, à propos du *Laxum*, du *Strictum* et du *Mixtum*, du *Contraria contrariis* et du *Similia Similibus*, des théories de l'humorisme et du solidisme et tant d'autres histoires dont nous ne voulons pas fatiguer nos lecteurs. Revenons à notre sujet, et concluons en disant que de nos jours, il n'y a pas de charlatanisme, n'en déplaise à certains médecins, à annoncer des choses vraies, positives, des choses utiles à l'humanité comme les guérisons opérées par le Dr de Bruc.

Quand le Dr de Bruc arriva à Toulouse, disons-nous, il fit savoir qu'il guérissait diverses maladies déclarées incurables. On taxa cette annonce de charlatanisme ; mais il y a aujourd'hui cent personnes dans notre ville que le docteur a guéries et qui fussent restées avec leurs infirmités, si le docteur n'eût pas annoncé son arrivée et les guérisons qu'il pouvait effectuer. Si je parle ainsi, c'est que j'ai assisté, comme je l'ai déja dit, à la clinique du Dr de Bruc ; j'y ai vu plusieurs malades complètement aveugles, déclarer avoir suivi pendant plusieurs années tous les traitements connus et prescrits par les premiers médecins de Toulouse, et je les ai vus revenir parfaitement guéris après quinze ou vingt jours du traitement prescrit par le Dr de Bruc.

J'ai vu des épileptiques qui avaient les uns quatre à cinq attaques par semaine, d'autres deux à trois attaques par jour, revenir après trente et quarante jours du traitement du Dr de Bruc et n'avoir pas eu dans ce laps de temps la plus légère attaque.

J'ai vu un grand nombre de pauvres ouvriers infirmes par suite de plaies variqueuses ou autres, pouvoir reprendre leurs travaux immédiatement après le premier traitement opéré par le Dr de Bruc, et être complètement guéris après quinze jours.

Nous avons vu plusieurs malades ayant des taies intenses sur les yeux, d'autres des chairs fongueuses qui interceptaient la vision et qui furent guéries en quelques semaines.

Nous avons vu des gens perclus de leurs membres par suite de rhumatismes articulaires ou autres maladies, revenir parfaitement guéris après vingt-cinq à trente jours de traitement.

Nous avons vu un très grand nombre de malades atteints de lupus voraces et plaies rongeantes de la figure arriver à la clinique du Dr de Bruc avec des figures horribles, repoussantes, hideuses, tuméfiées et suppurantes avec les yeux perdus et obtenir, la plupart, leur guérison en vingt-cinq et trente jours, d'autres en quarante jours.

Nous avons vu des paralytiques ayant perdu l'usage de la langue et des membres recouvrer la parole et marcher librement après un mois de traitement.

Nous avons vu des gens atteints de cataracte complètement aveugles, revenir après quelque temps commençant à y voir pour se conduire et sans avoir subi d'opération ; avec un traitement prolongé, ces malades pourront, on doit l'espérer, obtenir une guérison complète.

Nous pourrions citer bien d'autres cas aussi intéressants.

Nous publions à la suite de cette notice des attestations de guérisons , démontrées d'une manière aussi évidente que possible.

M. le Dr Gourdon , en outre des injures directes adressées à M. de Bruc, a cherché dans son pamphlet à l'assimiler à quelque pauvre diable cherchant fortune à tout prix ; nous ne croyons pas devoir laisser passer cette insinuation sans y répondre. Le Dr de Bruc n'a pas besoin de chercher fortune, car il en possède une en biens territoriaux assez considérable pour satisfaire une ambition plus que modeste, et son caractère élevé, grand et généreux, qui est apprécié de tous ceux qui le connaissent, le met au-dessus de ces suppositions gratuites de la part d'une personne qui ne le connaissait pas , insinuations qui aujourd'hui retombent tout naturellement sur leur auteur.

Je ne parlerai pas du Dr de Bruc comme homme privé ; je craindrais de me laisser aller aux inspirations de l'amitié ; je ne parlerai pas non plus des ouvrages scientifiques fort estimés qu'il a publiés en dehors de la médecine ; je dirai seulement que comme médecin, c'est un homme d'élite ; son esprit supérieur s'élevant au-dessus de tout système absolu, s'affranchissant de toute routine aveugle, devient fécond en moyens curatifs dans les cas les plus difficiles ; aussi fort souvent, dès la première visite opère-t-il des guérisons qu'on recherchait en vain depuis de longues années ; nous pourrions citer nombre de cas à Toulouse même : Mlle L... était depuis environ 18 ans atteinte de douleurs affreuses qui ne lui laissaient pas de repos ; sa vie était, à son dire, un véritable supplice, et depuis plusieurs années, surtout sa position s'était aggravée d'une manière désespérante. Aucun des nombreux traitements qu'elle avait suivis ne l'avait soulagée même momentanément ; elle appela le Dr de Bruc , et après trois jours de son traitement cette maladie si ancienne et si invincible avait complètement disparu. Il y a bientôt 2 mois que cette guérison a été opérée, et si j'en parle c'est qu'elle est aujourd'hui de notoriété publique.

Monsieur ***, âgé de 80 ans , demeurant aussi à Toulouse , était retenu au lit depuis longtemps par une maladie très grave et des plus douloureuses ; son grand âge augmentait les craintes sérieuses qu'inspirait son état. En désespoir de cause , on appela le Dr de Bruc, qui en une seule visite le remit sur pied. Après quatre ou cinq jours de son traitement, il était aussi parfaitement guéri que son âge le permettait ; voilà plus de six semaines de cela , pas de récidive.

M. D. ***, aussi de Toulouse, avait sa fille qui depuis long-temps avait perdu un œil ; il parla à son médecin de son désir de la conduire à la consultation du Dr de Bruc, et le médecin de s'écrier :« Ne faites pas cela , c'est un charlatan. Le père ne tint aucun compte des dires de son docteur, il n'y vit rien autre que de la jalousie de métier et de la peti-tesse d'esprit. En quelques jours le Dr de Bruc guérit cet œil qu'on disait irrévocablement perdu. Quelque temps après le médecin de la maison revit l'enfant et la trouva parfaitement guérie. « *Ah ! c'est un miracle que la nature a fait là !* » Le père tira alors de son portefeuille les prescriptions du Dr de Bruc et les lui présenta. « *Vous avez été chez cet homme-là ?* s'écria le médecin. Sans doute, répondit le père, et sans lui ma fille n'eût jamais guéri ; vous l'aviez vous-même condamnée ! Ce médecin, au lieu 'être heureux de la guérison de la charmante enfant, s'en alla furieux !

Madame ***, de Toulouse , à la suite d'un rhumatisme articulaire , était devenue hydropique ; le ventre était énorme et les jambes enflées , tuméfiées , œdémateuses ; fièvre, angoisses, douleurs, etc. Aucun remède n'opérant, on appela le Dr de Bruc, qui soumit la malade à un traitement, en prévenant la famille qu'il allait provoquer une crise qui ferait en un jour évacuer sans ponction et naturellement toute l'eau qui se trouvait en énorme quantité dans l'organisme. Deux jours après la crise se fit, l'eau s'évacua avec une telle promptitude et une telle abondance, qu'on ne pouvait suffire auprès de la malade. Quand le lendemain le médecin habi-tuel de la famille revint, il trouva ces jambes, qui la veille étaient énormes, sèches comme des barreaux de chaise et tout l'organisme débarrassé, et lui de s'extasier, et de regarder et de questionner. Enfin il comprit que le Dr de Bruc avait été consulté et avait produit cette crise salutaire.

N'étant pas autorisé à imprimer les noms de ces malades, nous donnerons aux personnes qui douteraient de la véracité de ces faits, leurs noms et adresses afin qu'elles puissent les vérifier.

Madame ***, avait un énorme kiste des ovaires avec hydropisie. Déclarée incurable, le Dr de Bruc la guérit. Son médecin habituel constatant la guérison par curiosité, lui dit : *Défiez-vous ! la maladie va vous sortir ailleurs !* quinze jours après cette dame fut prise d'une ophthalmie intense, elle appela son médecin *Bon ! dit-il, vous voilà aveugle ! c'est le kiste qui va vous monter aux yeux* ; — mais que faut-il faire ? — *Rien* ! et le médecin s'en alla en se frottant les mains ! Mme *** alla retrouver le Dr de Bruc qui lui dit que l'ophthalmie provenait d'un coup d'air ; deux jours après elle était guérie !

Si c'est du charlatanisme que d'effectuer les cures que nous rapportons ici, *et cela gratuitement*, comme l'ont été celles que j'ai citées, je déclare vouloir prendre ma part de responsabilité de ce charlatanisme en en publiant la vérité et l'authenticité ! et le public saura de quel côté est le charlatanisme ou du médecin qui effectue ces guérisons, ou de ses adversaires qui font trop voir, pour leur dignité, le sentiment qui les inspire.

Lorsque M. Gourdon eut publié son article contre M. de Bruc, j'allai chez lui avec M. Ed. Wouters, et nous lui demandâmes ce qu'il entendait par guérisons authentiques ; il nous répondit qu'il reconnaîtrait comme vraie et authentiques les guérisons qu'il constaterait lui-même ; nous lui avons envoyé des malades dont il a constaté les guérisons, qu'il a reconnues et avouées, entr'autres celles de MM. David et Peyronnet.

De plus, M. le Dr de Bruc a déposé entre mes mains le

attestations de quinze guérisons toutes plus extraordinaires les unes que les autres, en portant le défi à M. Gourdon de s'inscrire en faux contre la vérité et la légitimité de ces attestations. M. Gourdon a dû accepter comme vraies ces guérisons, car il.ne s'est pas inscrit en faux.

Nous pensions alors que M. Gourdon accomplirait la promesse qu'il avait faite dans son écrit, en reconnaissant la vérité des faits; mais nous avons attendu en vain. Nous sommes donc autorisés à dire avec toute la franchise de notre caractère : on a attaqué M. de Bruc dans sa personne, dans son honneur, dans sa profession ; M. de Bruc s'est défendu avec des armes loyales ; on lui a demandé des preuves, il les a fournies aussi authentiques qu'on pouvait le désirer; M. de Bruc ayant eu une conférence avec M. Gourdon en notre présence et en présence de M. E. Wouters , il fut convenu entre ces messieurs, de faire rentrer la discussion dans les limites qu'elle eût dû garder, c'est-à-dire, de la ramener sur le terrain purement scientifique, et que chaque adversaire retirerait les expressions blessantes qui avaient pu échapper à une polémique écrite sous des impressions erronées ou passionnées; et dès le lendemain, le Dr de Bruc publiait carrément et loyalement dans l'*Emancipation*, qu'il retirait de sa réponse toute personnalité blessante pour M. Gourdon.

Quant à M. Gourdon, il s'est tu jusqu'à présent, et c'est pour cela que nous-même , qui avions pris charge de témoin dans cette affaire , avons considéré comme un devoir de publier la vérité des faits. Nous regrettons vivement pour. M. Gourdon, qu'il ait voulu, jusqu'à la fin, laisser le beau rôle à M. de Bruc, en l'attaquant d'abord sans motif, et ensuite en n'accomplissant pas sa promesse écrite et la promesse verbale qu'il nous avait faite. Plus les guérisons annoncées par le Dr de Bruc ont semblé impossibles , à ce point d'amener M. Gourdon à lui porter le défi d'en prouver UNE SEULE , et plus l'honneur qui en revient au Dr de Bruc est grand aujourd'hui qu'il les a prouvées toutes, et dans un laps de temps fort court.

Nous terminerons en disant que, lorsque deux adversaires en viennent aux-explications et font une convention que l'une des parties exécute, l'autre devrait l'exécuter scrupuleusement, sinon, c'est aux témoins qu'il appartient d'éclairer l'opinion publique et de venger ainsi celui qu'on a gratuitement et injustement outragé.

Toulouse, le 30 avril 1870

R. DE CHAMPREUX.

PIÈCES JUSTIFICATIVES

Observations et attestations de Guérisons opérées sur des malades que nous avons vus avant le traitement et qu'ensuite nous avons revus guéris :

Ma fille, Mélanie Cavailler, âgée de 8 ans, était atteinte depuis 4 ans, d'une maladie de l'œil droit qui lui avait enlevé complètement la vue ; cette maladie lui était venue à la suite de la rougeole. Aucun traitement pendant tout ce laps de temps n'améliora sa position.

Je conduisis mon enfant à la clinique du docteur commandeur de Bruc ; après 15 jours de son traitement elle fut radicalement guérie.

Toulouse, le 5 avril 1870.

L. Cavailler.

Nous soussignés, voisins, amis et connaissances de M. Cavailler, qui avons connu sa fille ayant perdu l'œil droit depuis longtemps, attestons la guérison ci-dessus mentionnée.

Gaillardie, Barthère, Barlet, Chaubard, *maison Bretz, aux Minimes (route de Launaguet)*, Rouquié, J. Guiraud, Brefel, Dufour, Paradis, François Millau, Bastié, Dembèze, Barthère Louis, Jules Sarac, Monicole, Couzi Louis, Pujol Baptiste, Prunet Romain, Sempè Jean, Deldau, Izard Raymond, Guiraud, Combes, Fourgatia Jean, Rumau, Salabert, Barbe, Froidure Baptiste, Maux, Serres, Olivier François, Cannuch, Lanselé, Souffarès, Bernadat, Izard, Lacamp, Augereaud, Goudejoie, Président de la Société de St-Jean Baptiste.

Nous soussignés, déclarons que notre enfant Félicie Louman, âgée de 7 ans, avait perdu complètement la vue ; les deux yeux étaient fermés, ulcères avec douleurs fortes, etc.

Depuis dix mois aucun traitement ne l'avait soulagée ; nous conduisimes alors notre enfant auprès du docteur de Bruc, et aujourd'hui elle a recouvré la vue ; l'œil gauche est complètement guéri et à l'œil droit il ne reste plus qu'une petite taie qui est en pleine voie de guérison.

Toulouse, le 9 avril 1870.

Louman serrurier, Irma Louman.

Nous certifions la vérité de la guérison ci-dessus.

N. Picard, curé à Bonhoure, Giolle, dizenier.

Toulouse, le 11 avril 1870.

Je soussigné, déclare que j'étais atteint depuis dix-huit mois d'une diarrhée qui m'avait réduit à un état complet de consomption et de maigreur (j'avais 10 à 12 évacuations par jour), j'en étais réduit à toute extrémité malgré les traitements nombreux que me prescrivirent plusieurs médecins du pays ainsi que de Toulouse et qui n'eurent aucun résultat.

Tous les habitants de Saint-Girons me croyaient perdu, je vins consulter le docteur commandeur de Bruc, le 11 février, et immédiatement son traitement commencé je ressentis une amélioration telle que je ne doutais plus de ma guérison.

Aujourd'hui mes forces sont revenues, la diarrhée a complètement disparu ; j'ai repris mes occupations, ma santé est parfaite, et je suis heureux de pouvoir donner la présente déclaration qui est l'exacte vérité.

Toulouse, le 8 mars 1870.

Signé : Etienne BOUSSION,
Propriétaire à St-Girons (Ariège.)

Cas de Leucoma et de Chairs fongueuses sur les deux yeux.

Je soussigné, Célestine Cassé, habitant à Blajan (Haute-Garonne), déclare que j'étais affectée depuis dix ans d'un leucoma intense aux deux yeux, avec des chairs fongueuses, qui s'étendaient de l'angle interne des paupières et couvraient aux trois quarts le champ visuel, ma vue était par suite aux trois quarts abolie. Aucun traitement n'avait amélioré mon affection ni arrêté le progrès du mal ; venue à la clinique du docteur commandeur de Bruc, après 25 jours de traitement, je suis radicalement guérie, la vue est excellente.

Toulouse, le 21 mars 1870.

Célestine CASSÉ,
De Blajan (Haute-Garonne).

Je soussigné déclare que j'étais atteint depuis 10 ans de deux ulcères à la jambe, qui avaient résisté à tous les traitements ; les douleurs étaient si atroces que je ne pouvais me livrer à aucun travail.

J'allai consulter le docteur commandeur de Bruc, 48, boulevard St-Aubin. Cet homme éminent me dit : Que de suite le premier pansement fait et immédiatement je ne ressentirais plus la moindre douleur et que les ulcères seraient très promptement guéris ; joignant la preuve à l'assertion d'un fait qui me semblait extraordinaire, il me fit le pansement en présence de plusieurs témoins et entr'autres d'un élève en médecine, interne de l'Hôtel-Dieu et d'un docteur médecin ; aussitôt le pansement terminé, les douleurs disparurent effectivement.

J'ai repris de suite mon travail et j'ai pu me livrer à la fatigue et à la marche sans ressentir la plus légère atteinte de mes longues souffrances.

Je suis heureux de pouvoir témoigner publiquement ma reconnaissance à l'homme généreux et savant à qui je dois ma guérison.

Toulouse, le 22 mars 1870.

Jh. DAVID, menuisier modeleur, rue des Potiers, 86.

Je soussigné, André Denat, ancien architecte de la ville de Toulouse, certifie que les faits contenus ci-dessus sont l'expression de la pure vérité. Depuis longues années, j'ai été à même d'apprécier l'état maladif du sieur David, modeleur, notamment à l'époque où il travaillait aux modèles du nouveau Marché Couvert.

Aujourd'hui, grâce aux soins et au talent du docteur commandeur de Bruc, le sieur David a obtenu une guérison complète qui lui permet de reprendre ses travaux.

Nous sommes heureux de fournir la présente attestation qui est un hommage rendu à l'auteur de la cure qui a été opérée.

André DENAT, ancien architecte de la ville de Toulouse.

Les soussignés, voisins et camarades d'atelier de J. David, certifions que depuis longues années il était atteint d'une maladie à la jambe, déclarée incurable par divers médecins, qui l'empêchait de vaquer à son travail, et grâce au traitement du docteur commandeur de Bruc, le nommé David a repris son travail et le continue sans interruption.

Nous sommes heureux de rendre hommage à l'homme savant qui est l'auteur de cette guérison.

Toulouse, le 3 avril 1870.

Vincent, Laffont, L. Fox, Esteby, Guilhamat, Colombino, Sicre, Guilhen, Peiffor, Roussel, Massip, Pailliet, Carré, Calvet, Brouillas, Pinel, Bertreme, Léonce Faumont, Briol, Delgay, Bonis fils, Delgay fils aîné, Darbas, Bagnéris, Gommard.

Je soussigné, déclare avoir été guéri par le docteur commandeur de Bruc, aussi promptement que le sieur David Joseph, d'une affection semblable que j'avais à la jambe gauche depuis douze ans, et que le résultat a été identiquement le même.

Toulouse, le 25 mars 1870.

Louis Peyronnet, fabricant de bijouterie, allée des Soupirs, 22.

Nous soussignés, voisins de monsieur Peyronnet, certifions que depuis qu'il habite nos quartiers, nous l'avons toujours vu souffrant d'un pied, au point de l'empêcher de marcher ; nous constatons, en outre, que depuis qu'il a suivi le traitement du docteur de Bruc, il marche avec la plus grande facilité sans éprouver la moindre souffrance.

Toulouse, le 30 mars 1870.

V. Dupin (allée des Soupirs. 23), Raymond Louis, Jean Roch, Joseph Bicon, Pouissac, Caral, Idrac, G. Rizbes, J. Marcon, Delgay frères, Liger, Deloncle Edouard, Grandin, Roquefort, Cugno.

Je, soussigné, déclare que mon enfant Jean Barrié, âgé de 8 ans, était paralysée des jambes, par suite de la compression de la moëlle épinière, et ne pouvait faire que quelques pas à l'aide des béquilles ; il avait en outre deux points de suppuration aux aines. Il y avait quatre ans qu'il était dans ce triste état, lorsque j'allai consulter le Dr de Bruc, le 18 Mars, et aujourd'hui mon enfant marche bien, a repris ses forces et est complètement guéri.

CARRIÉ Berthelemy,

Cultivateur à Buzet, canton de Montastruc (Hte-Gne)

Toulouse, le 22 avril 1870.

DÉSIGNATION SOMMAIRE DES ATTESTATIONS DE GUÉRISONS AUTHENTIQUES QUI ONT ÉTÉ DÉPOSÉES AUX MAINS DE M. LE MARQUIS DECHAMPREUX.

Plusieurs attestations de Lupus vorace, dont un datant de 28 ans, radicalement guéris ; un cas de cancr oïde de la lvre supérieure qui avait été jugé canéer, complètement guéri dans le délai de 15 jours ; des cas de paralysie, entr'autres celui d'une jeune enfant qui ne pouvait ni marcher ni se tenir debout, et qui après 25 jours de traitement, a pu marcher sans difficulté ; cette guérison si remarquable a été certifié authentique par le maire de la commune.

Diverses attestations de personnes atteintes d'épilepsie, qui avaient des attaques tous les jours, radicalement guéries. — Des ophthalmes très graves avec tuméfaction des paupières, granulations et taches de la cornée tout a fait disparues ; des cas de névralgies, de rhumatisme guéris en moins d'une semaine ; etc. etc.

Nous ne croyons pas devoir rapporter un plus grand nombre d'observations de guérisons, bien que nous en ayons recueilli une foule d'autres tout aussi intéressantes et aussi extraordinaires que celles que nous avons relatées ; nous n'avons voulu produire que les preuves indispensables à l'appui de nos assertions et notre but est rempli.

Certifié véritable

R. DE CHAMPREUX.

Toulouse, Imprimerie P. Savy, allées Louis-Napoléon, 10 bis.

9 782012 978683